Impor
Contact

MW01137977

_____

_____   _____

_____   _____

_____   _____

_____   _____

_____   _____

_____   _____

_____   _____

_____   _____

_____   _____

_____   _____

_____   _____

_____   _____

_____   _____

_____   _____

_____   _____

_____   _____

_____   _____

_____   _____

_____   _____

A Name _____

B   Home: _____

C   Office: _____

D   Mobile: _____

E   Notes: _____

F   Name _____

G   Home: _____

H   Office: _____

I   Mobile: _____

J   Notes: _____

K   Name _____

L   Home: _____

M   Office: _____

N   Mobile: _____

O   Notes: _____

P

Q   Name _____

R   Home: _____

S   Office: _____

T   Mobile: _____

U   Notes: _____

V   Name _____

W   Home: _____

X   Office: _____

Y   Mobile: _____

Z   Notes: _____

Name _____ A

   Home: _____ B

   Office: _____ C

   Mobile: _____ D

   Notes: _____ E

Name _____ F

   Home: _____ G

   Office: _____ H

   Mobile: _____ I

   Notes: _____ J

K

Name _____ L

   Home: _____ M

   Office: _____ N

   Mobile: _____ O

   Notes: _____ P

Name _____ Q

   Home: _____ R

   Office: _____ S

   Mobile: _____ T

   Notes: _____ U

Name _____ V

   Home: _____ W

   Office: _____ X

   Mobile: _____ Y

   Notes: _____ Z

A | B | C | D | E | F | G | H | I | J | K | L | M | N | O | P | Q | R | S | T | U | V | W | X | Y | Z

Name _____
Home: _____
Office: _____
Mobile: _____
Notes: _____

Name _____
Home: _____
Office: _____
Mobile: _____
Notes: _____

Name _____
Home: _____
Office: _____
Mobile: _____
Notes: _____

Name _____
Home: _____
Office: _____
Mobile: _____
Notes: _____

Name _____
Home: _____
Office: _____
Mobile: _____
Notes: _____

Name _____ **A**

    Home: _____ B

    Office: _____ C

    Mobile: _____ D

    Notes: _____ E

Name _____ F

    Home: _____ G

    Office: _____ H

    Mobile: _____ I

    Notes: _____ J

                                   K

Name _____ L

    Home: _____ M

    Office: _____ N

    Mobile: _____ O

    Notes: _____ P

Name _____ Q

    Home: _____ R

    Office: _____ S

    Mobile: _____ T

    Notes: _____ U

Name _____ V

    Home: _____ W

    Office: _____ X

    Mobile: _____ Y

    Notes: _____ Z

A

Name _____

Home: _____

Office: _____

Mobile: _____

Notes: _____

B

C

D

E

F

Name _____

Home: _____

Office: _____

Mobile: _____

Notes: _____

G

H

I

J

K

L

Name _____

Home: _____

Office: _____

Mobile: _____

Notes: _____

M

N

O

P

Q

Name _____

Home: _____

Office: _____

Mobile: _____

Notes: _____

R

S

T

U

V

Name _____

Home: _____

Office: _____

Mobile: _____

Notes: _____

W

X

Y

Z

Name _____ A

Home: _____ B

Office: _____ C

Mobile: _____ D

Notes: _____ E

Name _____ F

Home: _____ G

Office: _____ H

Mobile: _____ I

Notes: _____ J

K

Name _____ L

Home: _____ M

Office: _____ N

Mobile: _____ O

Notes: _____ P

Name _____ Q

Home: _____ R

Office: _____ S

Mobile: _____ T

Notes: _____ U

Name _____ V

Home: _____ W

Office: _____ X

Mobile: _____ Y

Notes: _____ Z

A

Name _____

Home: _____

Office: _____

Mobile: _____

Notes: _____

Name _____

Home: _____

Office: _____

Mobile: _____

Notes: _____

Name _____

Home: _____

Office: _____

Mobile: _____

Notes: _____

Name _____

Home: _____

Office: _____

Mobile: _____

Notes: _____

Name _____

Home: _____

Office: _____

Mobile: _____

Notes: _____

B C D E F G H I J K L M N O P Q R S T U V W X Y Z

Name _____

   Home: _____

   Office: _____

   Mobile: _____

   Notes: _____

Name _____

   Home: _____

   Office: _____

   Mobile: _____

   Notes: _____

Name _____

   Home: _____

   Office: _____

   Mobile: _____

   Notes: _____

Name _____

   Home: _____

   Office: _____

   Mobile: _____

   Notes: _____

Name _____

   Home: _____

   Office: _____

   Mobile: _____

   Notes: _____

A
B
C
D
E
F
G
H
I
J
K
L
M
N
O
P
Q
R
S
T
U
V
W
X
Y
Z

A

Name _____

Home: _____

Office: _____

Mobile: _____

Notes: _____

Name _____

Home: _____

Office: _____

Mobile: _____

Notes: _____

Name _____

Home: _____

Office: _____

Mobile: _____

Notes: _____

Name _____

Home: _____

Office: _____

Mobile: _____

Notes: _____

Name _____

Home: _____

Office: _____

Mobile: _____

Notes: _____

B C D E F G H I J K L M N O P Q R S T U V W X Y Z

Name _____ A

  Home: _____ **B**

  Office: _____ C

  Mobile: _____ D

  Notes: _____ E

Name _____ F

  Home: _____ G

  Office: _____ H

  Mobile: _____ I

  Notes: _____ J

                                                        K

Name _____ L

  Home: _____ M

  Office: _____ N

  Mobile: _____ O

  Notes: _____ P

Name _____ Q

  Home: _____ R

  Office: _____ S

  Mobile: _____ T

  Notes: _____ U

Name _____ V

  Home: _____ W

  Office: _____ X

  Mobile: _____ Y

  Notes: _____ Z

A | B | C | D | E | F | G | H | I | J | K | L | M | N | O | P | Q | R | S | T | U | V | W | X | Y | Z

Name

Home:

Office:

Mobile:

Notes:

Name

Home:

Office:

Mobile:

Notes:

Name

Home:

Office:

Mobile:

Notes:

Name

Home:

Office:

Mobile:

Notes:

Name

Home:

Office:

Mobile:

Notes:

Name _____ A

   Home: _____ **B**

   Office: _____ C

   Mobile: _____ D

   Notes: _____ E

Name _____ F

   Home: _____ G

   Office: _____ H

   Mobile: _____ I

   Notes: _____ J

                                        K

Name _____ L

   Home: _____ M

   Office: _____ N

   Mobile: _____ O

   Notes: _____ P

Name _____ Q

   Home: _____ R

   Office: _____ S

   Mobile: _____ T

   Notes: _____ U

Name _____ V

   Home: _____ W

   Office: _____ X

   Mobile: _____ Y

   Notes: _____ Z

A **Name** _____

B **Home:** _____

C **Office:** _____

D **Mobile:** _____

E **Notes:** _____

F **Name** _____

G **Home:** _____

H **Office:** _____

I **Mobile:** _____

J **Notes:** _____

K **Name** _____

L **Home:** _____

M **Office:** _____

N **Mobile:** _____

O **Notes:** _____

P

Q **Name** _____

R **Home:** _____

S **Office:** _____

T **Mobile:** _____

U **Notes:** _____

V **Name** _____

W **Home:** _____

X **Office:** _____

Y **Mobile:** _____

Z **Notes:** _____

Name _____ A

   Home: _____ B

   Office: _____ **C**

   Mobile: _____ D

   Notes: _____ E

Name _____ F

   Home: _____ G

   Office: _____ H

   Mobile: _____ I

   Notes: _____ J

                                                                                             K

Name _____ L

   Home: _____ M

   Office: _____ N

   Mobile: _____ O

   Notes: _____ P

Name _____ Q

   Home: _____ R

   Office: _____ S

   Mobile: _____ T

   Notes: _____ U

Name _____ V

   Home: _____ W

   Office: _____ X

   Mobile: _____ Y

   Notes: _____ Z

A | Name _____

B | Home: _____

C | Office: _____

D | Mobile: _____

E | Notes: _____

F | Name _____

G | Home: _____

H | Office: _____

I | Mobile: _____

J | Notes: _____

K |

L | Name _____

M | Home: _____

| Office: _____

N | Mobile: _____

O | Notes: _____

P |

Q | Name _____

R | Home: _____

S | Office: _____

T | Mobile: _____

U | Notes: _____

V | Name _____

W | Home: _____

X | Office: _____

Y | Mobile: _____

Z | Notes: _____

Name _____

  Home: _____

  Office: _____

  Mobile: _____

  Notes: _____

Name _____

  Home: _____

  Office: _____

  Mobile: _____

  Notes: _____

Name _____

  Home: _____

  Office: _____

  Mobile: _____

  Notes: _____

Name _____

  Home: _____

  Office: _____

  Mobile: _____

  Notes: _____

Name _____

  Home: _____

  Office: _____

  Mobile: _____

  Notes: _____

A
B
C
D
E
F
G
H
I
J
K
L
M
N
O
P
Q
R
S
T
U
V
W
X
Y
Z

A	**Name** _____
B	**Home:** _____
C	**Office:** _____
D	**Mobile:** _____
E	**Notes:** _____
F	**Name** _____
G	**Home:** _____
H	**Office:** _____
I	**Mobile:** _____
J	**Notes:** _____
K	**Name** _____
L	**Home:** _____
M	**Office:** _____
N	**Mobile:** _____
O	**Notes:** _____
P	
Q	**Name** _____
R	**Home:** _____
S	**Office:** _____
T	**Mobile:** _____
U	**Notes:** _____
V	**Name** _____
W	**Home:** _____
X	**Office:** _____
Y	**Mobile:** _____
Z	**Notes:** _____

Name _____ A

Home: _____ B

Office: _____ **C**

Mobile: _____ D

Notes: _____ E

Name _____ F

Home: _____ G

Office: _____ H

Mobile: _____ I

Notes: _____ J

K

Name _____ L

Home: _____ M

Office: _____ N

Mobile: _____ O

Notes: _____ P

Name _____ Q

Home: _____ R

Office: _____ S

Mobile: _____ T

Notes: _____ U

Name _____ V

Home: _____ W

Office: _____ X

Mobile: _____ Y

Notes: _____ Z

A	Name _____
B	Home: _____
C	Office: _____
D	Mobile: _____
E	Notes: _____
F	Name _____
G	Home: _____
H	Office: _____
I	Mobile: _____
J	Notes: _____
K	Name _____
L	Home: _____
M	Office: _____
N	Mobile: _____
O	Notes: _____
P	
Q	Name _____
R	Home: _____
S	Office: _____
T	Mobile: _____
U	Notes: _____
V	Name _____
W	Home: _____
X	Office: _____
Y	Mobile: _____
Z	Notes: _____

Name _____ A

  Home: _____ B

  Office: _____ C

  Mobile: _____ **D**

  Notes: _____ E

Name _____ F

  Home: _____ G

  Office: _____ H

  Mobile: _____ I

  Notes: _____ J

                            K

Name _____ L

  Home: _____ M

  Office: _____ N

  Mobile: _____ O

  Notes: _____ P

Name _____ Q

  Home: _____ R

  Office: _____ S

  Mobile: _____ T

  Notes: _____ U

Name _____ V

  Home: _____ W

  Office: _____ X

  Mobile: _____ Y

  Notes: _____ Z

A **Name** _____

B   Home: _____

C   Office: _____

D   Mobile: _____

E   Notes: _____

F **Name** _____

G   Home: _____

H   Office: _____

I   Mobile: _____

J   Notes: _____

K **Name** _____

L   Home: _____

M   Office: _____

N   Mobile: _____

O   Notes: _____

P **Name** _____

Q   Home: _____

R   Office: _____

S   Mobile: _____

T   Notes: _____

U **Name** _____

V   Home: _____

W   Office: _____

X   Mobile: _____

Y   Notes: _____

Z

Name _____ A

   Home: _____ B

   Office: _____ C

   Mobile: _____ **D**

   Notes: _____ E

Name _____ F

   Home: _____ G

   Office: _____ H

   Mobile: _____ I

   Notes: _____ J

   K

Name _____ L

   Home: _____ M

   Office: _____ N

   Mobile: _____ O

   Notes: _____ P

Name _____ Q

   Home: _____ R

   Office: _____ S

   Mobile: _____ T

   Notes: _____ U

   V

Name _____ W

   Home: _____ X

   Office: _____ Y

   Mobile: _____ Z

   Notes: _____

A | Name _____

B | Home: _____

C | Office: _____

D | Mobile: _____

E | Notes: _____

F | Name _____

G | Home: _____

H | Office: _____

I | Mobile: _____

J | Notes: _____

K | Name _____

L | Home: _____

M | Office: _____

N | Mobile: _____

O | Notes: _____

P | Name _____

Q | Home: _____

R | Office: _____

S | Mobile: _____

T | Notes: _____

U | Name _____

V | Home: _____

W | Office: _____

X | Mobile: _____

Y | Notes: _____

Z |

Name _____

   Home: _____

   Office: _____

   Mobile: _____

   Notes: _____

Name _____

   Home: _____

   Office: _____

   Mobile: _____

   Notes: _____

Name _____

   Home: _____

   Office: _____

   Mobile: _____

   Notes: _____

Name _____

   Home: _____

   Office: _____

   Mobile: _____

   Notes: _____

Name _____

   Home: _____

   Office: _____

   Mobile: _____

   Notes: _____

A B C **D** E F G H I J K L M N O P Q R S T U V W X Y Z

A Name _____

B Home: _____

C Office: _____

D Mobile: _____

E Notes: _____

F Name _____

G Home: _____

H Office: _____

I Mobile: _____

J Notes: _____

K
L Name _____

Home: _____

M Office: _____

N Mobile: _____

O Notes: _____

P

Q Name _____

R Home: _____

S Office: _____

T Mobile: _____

U Notes: _____

V Name _____

W Home: _____

X Office: _____

Y Mobile: _____

Z Notes: _____

Name _____ A

   Home: _____ B

   Office: _____ C

   Mobile: _____ D

   Notes: _____ **E**

Name _____ F

   Home: _____ G

   Office: _____ H

   Mobile: _____ I

   Notes: _____ J

 K

Name _____ L

   Home: _____ M

   Office: _____ N

   Mobile: _____ O

   Notes: _____ P

Name _____ Q

   Home: _____ R

   Office: _____ S

   Mobile: _____ T

   Notes: _____ U

Name _____ V

   Home: _____ W

   Office: _____ X

   Mobile: _____ Y

   Notes: _____ Z

A   Name _____

B   Home: _____

C   Office: _____

D   Mobile: _____

E   Notes: _____

F   Name _____

G   Home: _____

H   Office: _____

I   Mobile: _____

J   Notes: _____

K

L   Name _____

  Home: _____

M   Office: _____

N   Mobile: _____

O   Notes: _____

P

Q   Name _____

R   Home: _____

S   Office: _____

T   Mobile: _____

U   Notes: _____

V   Name _____

W   Home: _____

X   Office: _____

Y   Mobile: _____

Z   Notes: _____

Name _____ A

Home: _____ B

Office: _____ C

Mobile: _____ D

Notes: _____ **E**

Name _____ F

Home: _____ G

Office: _____ H

Mobile: _____ I

Notes: _____ J

K

Name _____ L

Home: _____ M

Office: _____ N

Mobile: _____ O

Notes: _____ P

Name _____ Q

Home: _____ R

Office: _____ S

Mobile: _____ T

Notes: _____ U

Name _____ V

Home: _____ W

Office: _____ X

Mobile: _____ Y

Notes: _____ Z

A **Name** _____

B Home: _____

C Office: _____

D Mobile: _____

E Notes: _____

F **Name** _____

G Home: _____

H Office: _____

I Mobile: _____

J Notes: _____

K **Name** _____

L Home: _____

M Office: _____

N Mobile: _____

O Notes: _____

P

Q **Name** _____

R Home: _____

S Office: _____

T Mobile: _____

U Notes: _____

V **Name** _____

W Home: _____

X Office: _____

Y Mobile: _____

Z Notes: _____

Name _____ A

   Home: _____ B

   Office: _____ C

   Mobile: _____ D

   Notes: _____ **E**

Name _____ F

   Home: _____ G

   Office: _____ H

   Mobile: _____ I

   Notes: _____ J

                                                       K

Name _____ L

   Home: _____ M

   Office: _____ N

   Mobile: _____ O

   Notes: _____ P

Name _____ Q

   Home: _____ R

   Office: _____ S

   Mobile: _____ T

   Notes: _____ U

Name _____ V

   Home: _____ W

   Office: _____ X

   Mobile: _____ Y

   Notes: _____ Z

A B C D **E** F G H I J K L M N O P Q R S T U V W X Y Z

Name

Home:

Office:

Mobile:

Notes:

Name

Home:

Office:

Mobile:

Notes:

Name

Home:

Office:

Mobile:

Notes:

Name

Home:

Office:

Mobile:

Notes:

Name

Home:

Office:

Mobile:

Notes:

Name _____

   Home: _____

   Office: _____

   Mobile: _____

   Notes: _____

Name _____

   Home: _____

   Office: _____

   Mobile: _____

   Notes: _____

Name _____

   Home: _____

   Office: _____

   Mobile: _____

   Notes: _____

Name _____

   Home: _____

   Office: _____

   Mobile: _____

   Notes: _____

Name _____

   Home: _____

   Office: _____

   Mobile: _____

   Notes: _____

A B C D E F G H I J K L M N O P Q R S T U V W X Y Z

A **Name** _____

B **Home:** _____

C **Office:** _____

D **Mobile:** _____

E **Notes:** _____

F **Name** _____

G **Home:** _____

H **Office:** _____

I **Mobile:** _____

J **Notes:** _____

K

L **Name** _____

M **Home:** _____

  Office: _____

N **Mobile:** _____

O **Notes:** _____

P

Q **Name** _____

R **Home:** _____

S **Office:** _____

T **Mobile:** _____

U **Notes:** _____

V **Name** _____

W **Home:** _____

X **Office:** _____

Y **Mobile:** _____

Z **Notes:** _____

Name _____ A

   Home: _____ B

   Office: _____ C

   Mobile: _____ D

   Notes: _____ **E**

Name _____ F

   Home: _____ G

   Office: _____ H

   Mobile: _____ I

   Notes: _____ J

                                              K

Name _____ L

   Home: _____ M

   Office: _____ N

   Mobile: _____ O

   Notes: _____ P

Name _____ Q

   Home: _____ R

   Office: _____ S

   Mobile: _____ T

   Notes: _____ U

Name _____ V

   Home: _____ W

   Office: _____ X

   Mobile: _____ Y

   Notes: _____ Z

A | Name _____
B | Home: _____
C | Office: _____
D | Mobile: _____
E | Notes: _____
F | Name _____
G | Home: _____
H | Office: _____
I | Mobile: _____
J | Notes: _____
K | Name _____
L | Home: _____
M | Office: _____
N | Mobile: _____
O | Notes: _____
P |
Q | Name _____
R | Home: _____
S | Office: _____
T | Mobile: _____
U | Notes: _____
V | Name _____
W | Home: _____
X | Office: _____
Y | Mobile: _____
Z | Notes: _____

Name _____ A

Home: _____ B

Office: _____ C

Mobile: _____ D

Notes: _____ E

Name _____ **F**

Home: _____ G

Office: _____ H

Mobile: _____ I

Notes: _____ J

K

Name _____ L

Home: _____ M

Office: _____ N

Mobile: _____ O

Notes: _____ P

Name _____ Q

Home: _____ R

Office: _____ S

Mobile: _____ T

Notes: _____ U

Name _____ V

Home: _____ W

Office: _____ X

Mobile: _____ Y

Notes: _____ Z

A **Name** _____

B **Home:** _____

C **Office:** _____

D **Mobile:** _____

E **Notes:** _____

F

Name _____

G **Home:** _____

H **Office:** _____

I **Mobile:** _____

J **Notes:** _____

K

L **Name** _____

M **Home:** _____

Office: _____

N **Mobile:** _____

O **Notes:** _____

P

Q **Name** _____

R **Home:** _____

S **Office:** _____

T **Mobile:** _____

U **Notes:** _____

V **Name** _____

W **Home:** _____

X **Office:** _____

Y **Mobile:** _____

Z **Notes:** _____

Name _____ A

Home: _____ B

Office: _____ C

Mobile: _____ D

Notes: _____ E

Name _____ F

Home: _____ **G**

Office: _____ H

Mobile: _____ I

Notes: _____ J

Name _____ K

Home: _____ L

Office: _____ M

Mobile: _____ N

Notes: _____ O

Name _____ P

Home: _____ Q

Office: _____ R

Mobile: _____ S

Notes: _____ T

Name _____ U

Home: _____ V

Office: _____ W

Mobile: _____ X

Notes: _____ Y

_____ Z

A   Name _____

B   Home: _____

C   Office: _____

D   Mobile: _____

E   Notes: _____

F
G   Name _____

   Home: _____

H   Office: _____

I   Mobile: _____

J   Notes: _____

K
L   Name _____

M   Home: _____

   Office: _____

N   Mobile: _____

O   Notes: _____

P
Q   Name _____

R   Home: _____

S   Office: _____

T   Mobile: _____

U   Notes: _____

V   Name _____

W   Home: _____

X   Office: _____

Y   Mobile: _____

Z   Notes: _____

Name _____ A

   Home: _____ B

   Office: _____ C

   Mobile: _____ D

   Notes: _____ E

                                                      F

Name _____ **G**

   Home: _____ H

   Office: _____ I

   Mobile: _____ J

   Notes: _____ K

                                                      L

Name _____ M

   Home: _____ N

   Office: _____ O

   Mobile: _____ P

   Notes: _____ Q

Name _____ R

   Home: _____ S

   Office: _____ T

   Mobile: _____ U

   Notes: _____ V

Name _____ W

   Home: _____ X

   Office: _____ Y

   Mobile: _____ Z

   Notes: _____

A **Name** _____

B Home: _____

C Office: _____

D Mobile: _____

E Notes: _____

F **Name** _____

G Home: _____

H Office: _____

I Mobile: _____

J Notes: _____

K **Name** _____

L Home: _____

M Office: _____

N Mobile: _____

O Notes: _____

P

Q **Name** _____

R Home: _____

S Office: _____

T Mobile: _____

U Notes: _____

V **Name** _____

W Home: _____

X Office: _____

Y Mobile: _____

Z Notes: _____

Name _____ A

   Home: _____ B

   Office: _____ C

   Mobile: _____ D

   Notes: _____ E

Name _____ F

   Home: _____ G

   Office: _____ **H**

   Mobile: _____ I

   Notes: _____ J

    K

Name _____ L

   Home: _____ M

   Office: _____ N

   Mobile: _____ O

   Notes: _____ P

Name _____ Q

   Home: _____ R

   Office: _____ S

   Mobile: _____ T

   Notes: _____ U

Name _____ V

   Home: _____ W

   Office: _____ X

   Mobile: _____ Y

   Notes: _____ Z

A **Name** _____

B   Home: _____

C   Office: _____

D   Mobile: _____

E   Notes: _____

F **Name** _____

G   Home: _____

H   Office: _____

I   Mobile: _____

J   Notes: _____

K **Name** _____

L   Home: _____

M   Office: _____

N   Mobile: _____

O   Notes: _____

P **Name** _____

Q   Home: _____

R   Office: _____

S   Mobile: _____

T   Notes: _____

U **Name** _____

V   Home: _____

W   Office: _____

X   Mobile: _____

Y   Notes: _____

Z

Name _____ A

   Home: _____ B

   Office: _____ C

   Mobile: _____ D

   Notes: _____ E

Name _____ F

   Home: _____ G

   Office: _____ **H**

   Mobile: _____ I

   Notes: _____ J

                           K

Name _____ L

   Home: _____ M

   Office: _____ N

   Mobile: _____ O

   Notes: _____ P

Name _____ Q

   Home: _____ R

   Office: _____ S

   Mobile: _____ T

   Notes: _____ U

Name _____ V

   Home: _____ W

   Office: _____ X

   Mobile: _____ Y

   Notes: _____ Z

A **Name** _____

B   Home: _____

C   Office: _____

D   Mobile: _____

E   Notes: _____

F **Name** _____

G   Home: _____

H   Office: _____

I   Mobile: _____

J   Notes: _____

K **Name** _____

L   Home: _____

M   Office: _____

N   Mobile: _____

O   Notes: _____

P **Name** _____

Q   Home: _____

R   Office: _____

S   Mobile: _____

T   Notes: _____

U **Name** _____

V **Name** _____

W   Home: _____

X   Office: _____

Y   Mobile: _____

Z   Notes: _____

Name _____ A

   Home: _____ B

   Office: _____ C

   Mobile: _____ D

   Notes: _____ E

Name _____ F

   Home: _____ G

   Office: _____ H

   Mobile: _____ **I**

   Notes: _____ J

                         K

Name _____ L

   Home: _____ M

   Office: _____ N

   Mobile: _____ O

   Notes: _____ P

Name _____ Q

   Home: _____ R

   Office: _____ S

   Mobile: _____ T

   Notes: _____ U

Name _____ V

   Home: _____ W

   Office: _____ X

   Mobile: _____ Y

   Notes: _____ Z

A **Name** _____

B Home: _____

C Office: _____

D Mobile: _____

E Notes: _____

F **Name** _____

G Home: _____

H Office: _____

I Mobile: _____

J Notes: _____

K **Name** _____

L Home: _____

M Office: _____

N Mobile: _____

O Notes: _____

P **Name** _____

Q Home: _____

R Office: _____

S Mobile: _____

T Notes: _____

U **Name** _____

V Home: _____

W Office: _____

X Mobile: _____

Y Notes: _____

Z

Name _____ A

Home: _____ B

Office: _____ C

Mobile: _____ D

Notes: _____ E

Name _____ F

Home: _____ G

Office: _____ H

Mobile: _____ **I**

Notes: _____ J

Name _____ K

Home: _____ L

Office: _____ M

Mobile: _____ N

Notes: _____ O

Name _____ P

Home: _____ Q

Office: _____ R

Mobile: _____ S

Notes: _____ T

Name _____ U

Home: _____ V

Office: _____ W

Mobile: _____ X

Notes: _____ Y

_____ Z

A | Name _____
B | Home: _____
C | Office: _____
D | Mobile: _____
E | Notes: _____
F | Name _____
G | Home: _____
H | Office: _____
I | Mobile: _____
J | Notes: _____
K | Name _____
L | Home: _____
M | Office: _____
N | Mobile: _____
O | Notes: _____
P |
Q | Name _____
R | Home: _____
S | Office: _____
T | Mobile: _____
U | Notes: _____
V | Name _____
W | Home: _____
X | Office: _____
Y | Mobile: _____
Z | Notes: _____

Name

Home:

Office:

Mobile:

Notes:

Name

Home:

Office:

Mobile:

Notes:

Name

Home:

Office:

Mobile:

Notes:

Name

Home:

Office:

Mobile:

Notes:

Name

Home:

Office:

Mobile:

Notes:

A B C D E F G H I **J** K L M N O P Q R S T U V W X Y Z

A
B
C
D
E
F
G
H
I
J
K
L
M
N
O
P
Q
R
S
T
U
V
W
X
Y
Z

Name _____
    Home: _____
    Office: _____
    Mobile: _____
    Notes: _____

Name _____
    Home: _____
    Office: _____
    Mobile: _____
    Notes: _____

Name _____
    Home: _____
    Office: _____
    Mobile: _____
    Notes: _____

Name _____
    Home: _____
    Office: _____
    Mobile: _____
    Notes: _____

Name _____
    Home: _____
    Office: _____
    Mobile: _____
    Notes: _____

Name _____ A

Home: _____ B

Office: _____ C

Mobile: _____ D

Notes: _____ E

Name _____ F

Home: _____ G

Office: _____ H

Mobile: _____ I

Notes: _____ **J**

Name _____ K

Home: _____ L

Office: _____ M

Mobile: _____ N

Notes: _____ O
                                        P
Name _____ Q

Home: _____ R

Office: _____ S

Mobile: _____ T

Notes: _____ U

Name _____ V

Home: _____ W

Office: _____ X

Mobile: _____ Y

Notes: _____ Z

A Name _____

B Home: _____

C Office: _____

D Mobile: _____

E Notes: _____

F Name _____

G Home: _____

H Office: _____

I Mobile: _____

J Notes: _____

K Name _____

L Home: _____

M Office: _____

N Mobile: _____

O Notes: _____

P

Q Name _____

R Home: _____

S Office: _____

T Mobile: _____

U Notes: _____

V Name _____

W Home: _____

X Office: _____

Y Mobile: _____

Z Notes: _____

Name _____	A
Home: _____	B
Office: _____	C
Mobile: _____	D
Notes: _____	E
Name _____	F
Home: _____	G
Office: _____	H
Mobile: _____	I
Notes: _____	**J**
Name _____	K
Home: _____	L
Office: _____	M
Mobile: _____	N
Notes: _____	O
Name _____	P
Home: _____	Q
Office: _____	R
Mobile: _____	S
Notes: _____	T
Name _____	U
Home: _____	V
Office: _____	W
Mobile: _____	X
Notes: _____	Y
	Z

A **Name** _____

B   Home: _____

C   Office: _____

D   Mobile: _____

E   Notes: _____

F **Name** _____

G   Home: _____

H   Office: _____

I   Mobile: _____

J   Notes: _____

K **Name** _____

L   Home: _____

M   Office: _____

N   Mobile: _____

O   Notes: _____

P

Q **Name** _____

R   Home: _____

S   Office: _____

T   Mobile: _____

U   Notes: _____

V **Name** _____

W   Home: _____

X   Office: _____

Y   Mobile: _____

Z   Notes: _____

Name _____

   Home: _____

   Office: _____

   Mobile: _____

   Notes: _____

Name _____

   Home: _____

   Office: _____

   Mobile: _____

   Notes: _____

Name _____

   Home: _____

   Office: _____

   Mobile: _____

   Notes: _____

Name _____

   Home: _____

   Office: _____

   Mobile: _____

   Notes: _____

Name _____

   Home: _____

   Office: _____

   Mobile: _____

   Notes: _____

A B C D E F G H I J K L M N O P Q R S T U V W X Y Z

A **Name** _____

B   Home: _____

C   Office: _____

D   Mobile: _____

E   Notes: _____

F **Name** _____

G   Home: _____

H   Office: _____

I   Mobile: _____

J   Notes: _____

K **Name** _____

L   Home: _____

M   Office: _____

N   Mobile: _____

O   Notes: _____

P

Q **Name** _____

R   Home: _____

S   Office: _____

T   Mobile: _____

U   Notes: _____

V **Name** _____

W   Home: _____

X   Office: _____

Y   Mobile: _____

Z   Notes: _____

Name _____ A

　Home: _____ B

　Office: _____ C

　Mobile: _____ D

　Notes: _____ E

Name _____ F

　Home: _____ G

　Office: _____ H

　Mobile: _____ I

　Notes: _____ J

Name _____ **K**

　Home: _____ L

　Office: _____ M

　Mobile: _____ N

　Notes: _____ O
　　　　　　　　　　　　　　　　　　 P

Name _____ Q

　Home: _____ R

　Office: _____ S

　Mobile: _____ T

　Notes: _____ U

Name _____ V

　Home: _____ W

　Office: _____ X

　Mobile: _____ Y

　Notes: _____ Z

A   Name _____

B   Home: _____

C   Office: _____

D   Mobile: _____

E   Notes: _____

F   Name _____

G   Home: _____

H   Office: _____

I   Mobile: _____

J   Notes: _____

K   Name _____

L   Home: _____

M   Office: _____

N   Mobile: _____

O   Notes: _____

P

Q   Name _____

R   Home: _____

S   Office: _____

T   Mobile: _____

U   Notes: _____

V   Name _____

W   Home: _____

X   Office: _____

Y   Mobile: _____

Z   Notes: _____

Name _____ A

Home: _____ B

Office: _____ C

Mobile: _____ D

Notes: _____ E

Name _____ F

Home: _____ G

Office: _____ H

Mobile: _____ I

Notes: _____ J

K

Name _____ **L**

Home: _____ M

Office: _____ N

Mobile: _____ O

Notes: _____ P

Name _____ Q

Home: _____ R

Office: _____ S

Mobile: _____ T

Notes: _____ U

Name _____ V

Home: _____ W

Office: _____ X

Mobile: _____ Y

Notes: _____ Z

A Name _____

B Home: _____

C Office: _____

D Mobile: _____

E Notes: _____

F Name _____

G Home: _____

H Office: _____

I Mobile: _____

J Notes: _____

K

L Name _____

M Home: _____

N Office: _____

O Mobile: _____

P Notes: _____

Q Name _____

R Home: _____

S Office: _____

T Mobile: _____

U Notes: _____

V Name _____

W Home: _____

X Office: _____

Y Mobile: _____

Z Notes: _____

Name _____

   Home: _____

   Office: _____

   Mobile: _____

   Notes: _____

Name _____

   Home: _____

   Office: _____

   Mobile: _____

   Notes: _____

Name _____

   Home: _____

   Office: _____

   Mobile: _____

   Notes: _____

Name _____

   Home: _____

   Office: _____

   Mobile: _____

   Notes: _____

Name _____

   Home: _____

   Office: _____

   Mobile: _____

   Notes: _____

A
B
C
D
E
F
G
H
I
J
K
L
M
N
O
P
Q
R
S
T
U
V
W
X
Y
Z

A   Name _____

B   Home: _____

C   Office: _____

D   Mobile: _____

E   Notes: _____

F   Name _____

G   Home: _____

H   Office: _____

I   Mobile: _____

J   Notes: _____

K

L   Name _____

M   Home: _____

N   Office: _____

O   Mobile: _____

P   Notes: _____

Q   Name _____

R   Home: _____

S   Office: _____

T   Mobile: _____

U   Notes: _____

V   Name _____

W   Home: _____

X   Office: _____

Y   Mobile: _____

Z   Notes: _____

Name _____ A

   Home: _____ B

   Office: _____ C

   Mobile: _____ D

   Notes: _____ E

Name _____ F

   Home: _____ G

   Office: _____ H

   Mobile: _____ I

   Notes: _____ J

                                                       K

Name _____ **L**

   Home: _____ M

   Office: _____ N

   Mobile: _____ O

   Notes: _____ P

Name _____ Q

   Home: _____ R

   Office: _____ S

   Mobile: _____ T

   Notes: _____ U

Name _____ V

   Home: _____ W

   Office: _____ X

   Mobile: _____ Y

   Notes: _____ Z

A | Name _____
B | Home: _____
C | Office: _____
D | Mobile: _____
E | Notes: _____
F | Name _____
G | Home: _____
H | Office: _____
I | Mobile: _____
J | Notes: _____
K |
L | Name _____
M | Home: _____
N | Office: _____
O | Mobile: _____
P | Notes: _____
Q | Name _____
R | Home: _____
S | Office: _____
T | Mobile: _____
U | Notes: _____
V | Name _____
W | Home: _____
X | Office: _____
Y | Mobile: _____
Z | Notes: _____

Name _____

Home: _____

Office: _____

Mobile: _____

Notes: _____

Name _____

Home: _____

Office: _____

Mobile: _____

Notes: _____

Name _____

Home: _____

Office: _____

Mobile: _____

Notes: _____

Name _____

Home: _____

Office: _____

Mobile: _____

Notes: _____

Name _____

Home: _____

Office: _____

Mobile: _____

Notes: _____

A
B
C
D
E
F
G
H
I
J
K
L
M
N
O
P
Q
R
S
T
U
V
W
X
Y
Z

A Name _____

B   Home: _____

C   Office: _____

D   Mobile: _____

E   Notes: _____

F Name _____

G   Home: _____

H   Office: _____

I   Mobile: _____

J   Notes: _____

K Name _____

L   Home: _____

M   Office: _____

N   Mobile: _____

O   Notes: _____

P Name _____

Q   Home: _____

R   Office: _____

S   Mobile: _____

T   Notes: _____

U Name _____

V   Home: _____

W   Office: _____

X   Mobile: _____

Y   Notes: _____

Z

Name _____ A

   Home: _____ B

   Office: _____ C

   Mobile: _____ D

   Notes: _____ E

Name _____ F

   Home: _____ G

   Office: _____ H

   Mobile: _____ I

   Notes: _____ J

                                      K

Name _____ L

   Home: _____ **M**

   Office: _____ N

   Mobile: _____ O

   Notes: _____ P

Name _____ Q

   Home: _____ R

   Office: _____ S

   Mobile: _____ T

   Notes: _____ U

Name _____ V

   Home: _____ W

   Office: _____ X

   Mobile: _____ Y

   Notes: _____ Z

A   **Name** _____

B   Home: _____

C   Office: _____

D   Mobile: _____

E   Notes: _____

F   **Name** _____

G   Home: _____

H   Office: _____

I   Mobile: _____

J   Notes: _____

K

L   **Name** _____

M   Home: _____

N   Office: _____

O   Mobile: _____

P   Notes: _____

Q   **Name** _____

R   Home: _____

S   Office: _____

T   Mobile: _____

U   Notes: _____

V   **Name** _____

W   Home: _____

X   Office: _____

Y   Mobile: _____

Z   Notes: _____

Name _____ A

Home: _____ B

Office: _____ C

Mobile: _____ D

Notes: _____ E

Name _____ F

Home: _____ G

Office: _____ H

Mobile: _____ I

Notes: _____ J

                                         K

Name _____ L

Home: _____ **M**

Office: _____ N

Mobile: _____ O

Notes: _____ P

Name _____ Q

Home: _____ R

Office: _____ S

Mobile: _____ T

Notes: _____ U

Name _____ V

Home: _____ W

Office: _____ X

Mobile: _____ Y

Notes: _____ Z

A **Name** _____

B Home: _____

C Office: _____

D Mobile: _____

E Notes: _____

F **Name** _____

G Home: _____

H Office: _____

I Mobile: _____

J Notes: _____

K **Name** _____

L Home: _____

M Office: _____

N Mobile: _____

O Notes: _____

P **Name** _____

Q Home: _____

R Office: _____

S Mobile: _____

T Notes: _____

U **Name** _____

V Home: _____

W Office: _____

X Mobile: _____

Y Notes: _____

Z

Name _____ A

  Home: _____ B

  Office: _____ C

  Mobile: _____ D

  Notes: _____ E

Name _____ F

  Home: _____ G

  Office: _____ H

  Mobile: _____ I

  Notes: _____ J

                                               K

Name _____ L

  Home: _____ M

  Office: _____ **N**

  Mobile: _____ O

  Notes: _____ P

Name _____ Q

  Home: _____ R

  Office: _____ S

  Mobile: _____ T

  Notes: _____ U

Name _____ V

  Home: _____ W

  Office: _____ X

  Mobile: _____ Y

  Notes: _____ Z

A | Name _____
B | Home: _____
C | Office: _____
D | Mobile: _____
E | Notes: _____

F | Name _____
G | Home: _____
H | Office: _____
I | Mobile: _____
J | Notes: _____

K | Name _____
L | Home: _____
M | Office: _____
N | Mobile: _____
O | Notes: _____

P | Name _____
Q | Home: _____
R | Office: _____
S | Mobile: _____
T | Notes: _____
U

V | Name _____
W | Home: _____
X | Office: _____
Y | Mobile: _____
Z | Notes: _____

Name _____ A

   Home: _____ B

   Office: _____ C

   Mobile: _____ D

   Notes: _____ E

Name _____ F

   Home: _____ G

   Office: _____ H

   Mobile: _____ I

   Notes: _____ J

                                       K

Name _____ L

   Home: _____ M

   Office: _____ **N**

   Mobile: _____ O

   Notes: _____ P

Name _____ Q

   Home: _____ R

   Office: _____ S

   Mobile: _____ T

   Notes: _____ U

Name _____ V

   Home: _____ W

   Office: _____ X

   Mobile: _____ Y

   Notes: _____ Z

A

Name _____

B   Home: _____

C   Office: _____

D   Mobile: _____

E   Notes: _____

F

Name _____

G   Home: _____

H   Office: _____

I   Mobile: _____

J   Notes: _____

K

L   **Name** _____

M   Home: _____

N   Office: _____

O   Mobile: _____

P   Notes: _____

Q

Name _____

R   Home: _____

S   Office: _____

T   Mobile: _____

U   Notes: _____

V

Name _____

W   Home: _____

X   Office: _____

Y   Mobile: _____

Z   Notes: _____

Name _____ A

Home: _____ B

Office: _____ C

Mobile: _____ D

Notes: _____ E

Name _____ F

Home: _____ G

Office: _____ H

Mobile: _____ I

Notes: _____ J

K

Name _____ L

Home: _____ M

Office: _____ **N**

Mobile: _____ O

Notes: _____ P

Name _____ Q

Home: _____ R

Office: _____ S

Mobile: _____ T

Notes: _____ U

V

Name _____

Home: _____ W

Office: _____ X

Mobile: _____ Y

Notes: _____ Z

A   Name _____

B   Home: _____

C   Office: _____

D   Mobile: _____

E   Notes: _____

F   Name _____

G   Home: _____

H   Office: _____

I   Mobile: _____

J   Notes: _____

K

L   Name _____

M   Home: _____

N   Office: _____

O   Mobile: _____

P   Notes: _____

Q   Name _____

R   Home: _____

S   Office: _____

T   Mobile: _____

U   Notes: _____

V   Name _____

W   Home: _____

X   Office: _____

Y   Mobile: _____

Z   Notes: _____

Name _____

Home: _____

Office: _____

Mobile: _____

Notes: _____

Name _____

Home: _____

Office: _____

Mobile: _____

Notes: _____

Name _____

Home: _____

Office: _____

Mobile: _____

Notes: _____

Name _____

Home: _____

Office: _____

Mobile: _____

Notes: _____

Name _____

Home: _____

Office: _____

Mobile: _____

Notes: _____

A B C D E F G H I J K L M N O P Q R S T U V W X Y Z

A — Name _____

B — Home: _____

C — Office: _____

D — Mobile: _____

E — Notes: _____

F — Name _____

G — Home: _____

H — Office: _____

I — Mobile: _____

J — Notes: _____

K — Name _____

L — Home: _____

M — Office: _____

N — Mobile: _____

O — Notes: _____

P — Name _____

Q — Home: _____

R — Office: _____

S — Mobile: _____

T — Notes: _____

U

V — Name _____

W — Home: _____

X — Office: _____

Y — Mobile: _____

Z — Notes: _____

Name _____ A

Home: _____ B

Office: _____ C

Mobile: _____ D

Notes: _____ E

Name _____ F

Home: _____ G

Office: _____ H

Mobile: _____ I

Notes: _____ J

K

Name _____ L

Home: _____ M

Office: _____ N

Mobile: _____ **O**

Notes: _____ P

Name _____ Q

Home: _____ R

Office: _____ S

Mobile: _____ T

Notes: _____ U

Name _____ V

Home: _____ W

Office: _____ X

Mobile: _____ Y

Notes: _____ Z

A Name _____

B Home: _____

C Office: _____

D Mobile: _____

E Notes: _____

F Name _____

G Home: _____

H Office: _____

I Mobile: _____

J Notes: _____

K Name _____

L Home: _____

M Office: _____

N Mobile: _____

O Notes: _____

P Name _____

Q Home: _____

R Office: _____

S Mobile: _____

T Notes: _____

U Name _____

V Home: _____

W Office: _____

X Mobile: _____

Y Notes: _____

Z

Name	A
Home:	B
Office:	C
Mobile:	D
Notes:	E
Name	F
Home:	G
Office:	H
Mobile:	I
Notes:	J
	K
Name	L
Home:	M
Office:	N
Mobile:	O
Notes:	P
Name	Q
Home:	R
Office:	S
Mobile:	T
Notes:	U
Name	V
Home:	W
Office:	X
Mobile:	Y
Notes:	Z

A

B

C

D

E

F

G

H

I

J

K

L

M

N

O

P

Q

R

S

T

U

V

W

X

Y

Z

Name _____

Home: _____

Office: _____

Mobile: _____

Notes: _____

Name _____

Home: _____

Office: _____

Mobile: _____

Notes: _____

Name _____

Home: _____

Office: _____

Mobile: _____

Notes: _____

Name _____

Home: _____

Office: _____

Mobile: _____

Notes: _____

Name _____

Home: _____

Office: _____

Mobile: _____

Notes: _____

Name _____ A

   Home: _____ B

   Office: _____ C

   Mobile: _____ D

   Notes: _____ E

Name _____ F

   Home: _____ G

   Office: _____ H

   Mobile: _____ I

   Notes: _____ J

                          K

Name _____ L

   Home: _____ M

   Office: _____ N

   Mobile: _____ O

   Notes: _____ **P**

Name _____ Q

   Home: _____ R

   Office: _____ S

   Mobile: _____ T

   Notes: _____ U

Name _____ V

   Home: _____ W

   Office: _____ X

   Mobile: _____ Y

   Notes: _____ Z

A	Name
B	Home:
C	Office:
D	Mobile:
E	Notes:
F	Name
G	Home:
H	Office:
I	Mobile:
J	Notes:
K	Name
L	Home:
M	Office:
N	Mobile:
O	Notes:
P	
Q	Name
R	Home:
S	Office:
T	Mobile:
U	Notes:
V	Name
W	Home:
X	Office:
Y	Mobile:
Z	Notes:

Name _____ A

Home: _____ B

Office: _____ C

Mobile: _____ D

Notes: _____ E

Name _____ F

Home: _____ G

Office: _____ H

Mobile: _____ I

Notes: _____ J

K

Name _____ L

Home: _____ M

Office: _____ N

Mobile: _____ O

Notes: _____ P

Name _____ **Q**

Home: _____ R

Office: _____ S

Mobile: _____ T

Notes: _____ U

Name _____ V

Home: _____ W

Office: _____ X

Mobile: _____ Y

Notes: _____ Z

A

B

C

D

E

Name	

Name

Home:

Office:

Mobile:

Notes:

F

G

H

I

J

Name

Home:

Office:

Mobile:

Notes:

K

L

M

N

O

P

Name

Home:

Office:

Mobile:

Notes:

Q

R

S

T

U

Name

Home:

Office:

Mobile:

Notes:

V

W

X

Y

Z

Name

Home:

Office:

Mobile:

Notes:

Name _____ A

   Home: _____ B

   Office: _____ C

   Mobile: _____ D

   Notes: _____ E

Name _____ F

   Home: _____ G

   Office: _____ H

   Mobile: _____ I

   Notes: _____ J

                                      K

Name _____ L

   Home: _____ M

   Office: _____ N

   Mobile: _____ O

   Notes: _____ P

Name _____ Q

   Home: _____ **R**

   Office: _____ S

   Mobile: _____ T

   Notes: _____ U

Name _____ V

   Home: _____ W

   Office: _____ X

   Mobile: _____ Y

   Notes: _____ Z

A	**Name**
B	Home:
C	Office:
D	Mobile:
E	Notes:
F	**Name**
G	Home:
H	Office:
I	Mobile:
J	Notes:
K	**Name**
L	Home:
M	Office:
N	Mobile:
O	Notes:
P	
Q	**Name**
R	Home:
S	Office:
T	Mobile:
U	Notes:
V	**Name**
W	Home:
X	Office:
Y	Mobile:
Z	Notes:

Name _____ A

Home: _____ B

Office: _____ C

Mobile: _____ D

Notes: _____ E

Name _____ F

Home: _____ G

Office: _____ H

Mobile: _____ I

Notes: _____ J

Name _____ K

Home: _____ L

Office: _____ M

Mobile: _____ N

Notes: _____ O

Name _____ P

Home: _____ Q

Office: _____ R

Mobile: _____ S

Notes: _____ T

Name _____ U

Home: _____ V

Office: _____ W

Mobile: _____ X

Notes: _____ Y

_____ Z

A | Name _____
B | Home: _____
C | Office: _____
D | Mobile: _____
E | Notes: _____

F | Name _____
G | Home: _____
H | Office: _____
I | Mobile: _____
J | Notes: _____

K |
L | Name _____
M | Home: _____
N | Office: _____
O | Mobile: _____
P | Notes: _____

Q | Name _____
R | Home: _____
S | Office: _____
T | Mobile: _____
U | Notes: _____

V | Name _____
W | Home: _____
X | Office: _____
Y | Mobile: _____
Z | Notes: _____

Name _____

   Home: _____

   Office: _____

   Mobile: _____

   Notes: _____

Name _____

   Home: _____

   Office: _____

   Mobile: _____

   Notes: _____

Name _____

   Home: _____

   Office: _____

   Mobile: _____

   Notes: _____

Name _____

   Home: _____

   Office: _____

   Mobile: _____

   Notes: _____

Name _____

   Home: _____

   Office: _____

   Mobile: _____

   Notes: _____

A
B
C
D
E
F
G
H
I
J
K
L
M
N
O
P
Q
R
S
T
U
V
W
X
Y
Z

A   Name _____

B   Home: _____

C   Office: _____

D   Mobile: _____

E   Notes: _____

F   Name _____

G   Home: _____

H   Office: _____

I   Mobile: _____

J   Notes: _____

K
L   Name _____

M   Home: _____

N   Office: _____

O   Mobile: _____

P   Notes: _____

Q   Name _____

R   Home: _____

S   Office: _____

T   Mobile: _____

U   Notes: _____

V   Name _____

W   Home: _____

X   Office: _____

Y   Mobile: _____

Z   Notes: _____

Name	A
Home:	B
Office:	C
Mobile:	D
Notes:	E
Name	F
Home:	G
Office:	H
Mobile:	I
Notes:	J
	K
Name	L
Home:	M
Office:	N
Mobile:	O
Notes:	P
Name	Q
Home:	R
Office:	**S**
Mobile:	T
Notes:	U
Name	V
Home:	W
Office:	X
Mobile:	Y
Notes:	Z

A | Name _____

B | Home: _____

C | Office: _____

D | Mobile: _____

E | Notes: _____

F | Name _____

G | Home: _____

H | Office: _____

I | Mobile: _____

J | Notes: _____

K | Name _____

L | Home: _____

M | Office: _____

N | Mobile: _____

O | Notes: _____

P |

Q | Name _____

R | Home: _____

S | Office: _____

T | Mobile: _____

U | Notes: _____

V | Name _____

W | Home: _____

X | Office: _____

Y | Mobile: _____

Z | Notes: _____

Name _____ A

   Home: _____ B

   Office: _____ C

   Mobile: _____ D

   Notes: _____ E

Name _____ F

   Home: _____ G

   Office: _____ H

   Mobile: _____ I

   Notes: _____ J

   K

Name _____ L

   Home: _____ M

   Office: _____ N

   Mobile: _____ O

   Notes: _____ P

Name _____ Q

   Home: _____ R

   Office: _____ **S**

   Mobile: _____ T

   Notes: _____ U

Name _____ V

   Home: _____ W

   Office: _____ X

   Mobile: _____ Y

   Notes: _____ Z

A	Name _____
B	Home: _____
C	Office: _____
D	Mobile: _____
E	Notes: _____
F	Name _____
G	Home: _____
H	Office: _____
I	Mobile: _____
J	Notes: _____
K	Name _____
L	Home: _____
M	Office: _____
N	Mobile: _____
O	Notes: _____
P	
Q	Name _____
R	Home: _____
S	Office: _____
T	Mobile: _____
U	Notes: _____
V	Name _____
W	Home: _____
X	Office: _____
Y	Mobile: _____
Z	Notes: _____

Name _____

  Home: _____

  Office: _____

  Mobile: _____

  Notes: _____

Name _____

  Home: _____

  Office: _____

  Mobile: _____

  Notes: _____

Name _____

  Home: _____

  Office: _____

  Mobile: _____

  Notes: _____

Name _____

  Home: _____

  Office: _____

  Mobile: _____

  Notes: _____

Name _____

  Home: _____

  Office: _____

  Mobile: _____

  Notes: _____

A B C D E F G H I J K L M N O P Q R S T U V W X Y Z

A | Name _____

B | Home: _____

C | Office: _____

D | Mobile: _____

E | Notes: _____

F | Name _____

G | Home: _____

H | Office: _____

I | Mobile: _____

J | Notes: _____

K | Name _____

L | Home: _____

M | Office: _____

N | Mobile: _____

O | Notes: _____

P | Name _____

Q | Home: _____

R | Office: _____

S | Mobile: _____

T | Notes: _____

U |

V | Name _____

W | Home: _____

X | Office: _____

Y | Mobile: _____

Z | Notes: _____

Name _____ A

   Home: _____ B

   Office: _____ C

   Mobile: _____ D

   Notes: _____ E

                                   F

Name _____ G

   Home: _____ H

   Office: _____ I

   Mobile: _____ J

   Notes: _____ K

                                   L

Name _____ M

   Home: _____ N

   Office: _____ O

   Mobile: _____ P

   Notes: _____ Q

Name _____ R

   Home: _____ S

   Office: _____ **T**

   Mobile: _____ U

   Notes: _____ V

Name _____ W

   Home: _____ X

   Office: _____ Y

   Mobile: _____ Z

   Notes: _____

A Name _____

B Home: _____

C Office: _____

D Mobile: _____

E Notes: _____

F Name _____

G Home: _____

H Office: _____

I Mobile: _____

J Notes: _____

K Name _____

L Home: _____

M Office: _____

N Mobile: _____

O Notes: _____

P

Q Name _____

R Home: _____

S Office: _____

T Mobile: _____

U Notes: _____

V Name _____

W Home: _____

X Office: _____

Y Mobile: _____

Z Notes: _____

Name _____ A

Home: _____ B

Office: _____ C

Mobile: _____ D

Notes: _____ E

Name _____ F

Home: _____ G

Office: _____ H

Mobile: _____ I

Notes: _____ J

K

Name _____ L

Home: _____ M

Office: _____ N

Mobile: _____ O

Notes: _____ P

Name _____ Q

Home: _____ R

Office: _____ S

Mobile: _____ **T**

Notes: _____ U

V

Name _____ W

Home: _____ X

Office: _____ Y

Mobile: _____ Z

Notes: _____

A **Name** _____

B Home: _____

C Office: _____

D Mobile: _____

E Notes: _____

F **Name** _____

G Home: _____

H Office: _____

I Mobile: _____

J Notes: _____

K **Name** _____

L Home: _____

M Office: _____

N Mobile: _____

O Notes: _____

P

Q **Name** _____

R Home: _____

S Office: _____

T Mobile: _____

U Notes: _____

V **Name** _____

W Home: _____

X Office: _____

Y Mobile: _____

Z Notes: _____

Name _____ A

  Home: _____ B

  Office: _____ C

  Mobile: _____ D

  Notes: _____ E

Name _____ F

  Home: _____ G

  Office: _____ H

  Mobile: _____ I

  Notes: _____ J

                               K

Name _____ L

  Home: _____ M

  Office: _____ N

  Mobile: _____ O

  Notes: _____ P

Name _____ Q

  Home: _____ R

  Office: _____ S

  Mobile: _____ **T**

  Notes: _____ U

Name _____ V

  Home: _____ W

  Office: _____ X

  Mobile: _____ Y

  Notes: _____ Z

A   Name _____

B   Home: _____

C   Office: _____

D   Mobile: _____

E   Notes: _____

F   Name _____

G   Home: _____

H   Office: _____

I   Mobile: _____

J   Notes: _____

K

L   Name _____

M   Home: _____

N   Office: _____

O   Mobile: _____

P   Notes: _____

Q   Name _____

R   Home: _____

S   Office: _____

T   Mobile: _____

u   Notes: _____

V   Name _____

W   Home: _____

X   Office: _____

Y   Mobile: _____

Z   Notes: _____

Name _____ A

  Home: _____ B

  Office: _____ C

  Mobile: _____ D

  Notes: _____ E

Name _____ F

  Home: _____ G

  Office: _____ H

  Mobile: _____ I

  Notes: _____ J

                                  K

Name _____ L

  Home: _____ M

  Office: _____ N

  Mobile: _____ O

  Notes: _____ P

Name _____ Q

  Home: _____ R

  Office: _____ S

  Mobile: _____ T

  Notes: _____ **u**

Name _____ V

  Home: _____ W

  Office: _____ X

  Mobile: _____ Y

  Notes: _____ Z

A Name _____

B Home: _____

C Office: _____

D Mobile: _____

E Notes: _____

F Name _____

G Home: _____

H Office: _____

I Mobile: _____

J Notes: _____

K Name _____

L Home: _____

M Office: _____

N Mobile: _____

O Notes: _____

P

Q Name _____

R Home: _____

S Office: _____

T Mobile: _____

U Notes: _____

V Name _____

W Home: _____

X Office: _____

Y Mobile: _____

Z Notes: _____

Name _____ A

Home: _____ B

Office: _____ C

Mobile: _____ D

Notes: _____ E

Name _____ F

Home: _____ G

Office: _____ H

Mobile: _____ I

Notes: _____ J

K

Name _____ L

Home: _____ M

Office: _____ N

Mobile: _____ O

Notes: _____ P

Name _____ Q

Home: _____ R

Office: _____ S

Mobile: _____ T

Notes: _____ U

Name _____ V

Home: _____ W

Office: _____ X

Mobile: _____ Y

Notes: _____ Z

A	Name _____
B	Home: _____
C	Office: _____
D	Mobile: _____
E	Notes: _____
F	Name _____
G	Home: _____
H	Office: _____
I	Mobile: _____
J	Notes: _____
K	Name _____
L	Home: _____
M	Office: _____
N	Mobile: _____
O	Notes: _____
P	
Q	Name _____
R	Home: _____
S	Office: _____
T	Mobile: _____
U	Notes: _____
V	Name _____
W	Home: _____
X	Office: _____
Y	Mobile: _____
Z	Notes: _____

Name _____ A

  Home: _____ B

  Office: _____ C

  Mobile: _____ D

  Notes: _____ E

Name _____ F

  Home: _____ G

  Office: _____ H

  Mobile: _____ I

  Notes: _____ J

 K

Name _____ L

  Home: _____ M

  Office: _____ N

  Mobile: _____ O

  Notes: _____ P

Name _____ Q

  Home: _____ R

  Office: _____ S

  Mobile: _____ T

  Notes: _____ U

 V

Name _____

  Home: _____ **W**

  Office: _____ X

  Mobile: _____ Y

  Notes: _____ Z

A **Name** _____

B **Home:** _____

C **Office:** _____

D **Mobile:** _____

E **Notes:** _____

F **Name** _____

G **Home:** _____

H **Office:** _____

I **Mobile:** _____

J **Notes:** _____

K **Name** _____

L **Home:** _____

M **Office:** _____

N **Mobile:** _____

O **Notes:** _____

P **Name** _____

Q **Name** _____

R **Home:** _____

S **Office:** _____

T **Mobile:** _____

U **Notes:** _____

V **Name** _____

W **Home:** _____

X **Office:** _____

Y **Mobile:** _____

Z **Notes:** _____

Name _____ A

   Home: _____ B

   Office: _____ C

   Mobile: _____ D

   Notes: _____ E

Name _____ F

   Home: _____ G

   Office: _____ H

   Mobile: _____ I

   Notes: _____ J

                                                              K

Name _____ L

   Home: _____ M

   Office: _____ N

   Mobile: _____ O

   Notes: _____ P

Name _____ Q

   Home: _____ R

   Office: _____ S

   Mobile: _____ T

   Notes: _____ U

Name _____ V

   Home: _____ W

   Office: _____ **X**

   Mobile: _____ Y

   Notes: _____ Z

A **Name** _____

B   Home: _____

C   Office: _____

D   Mobile: _____

E   Notes: _____

F **Name** _____

G   Home: _____

H   Office: _____

I   Mobile: _____

J   Notes: _____

K

L **Name** _____

M   Home: _____

N   Office: _____

O   Mobile: _____

P   Notes: _____

Q **Name** _____

R   Home: _____

S   Office: _____

T   Mobile: _____

U   Notes: _____

V **Name** _____

W   Home: _____

X   Office: _____

Y   Mobile: _____

Z   Notes: _____

Name _____ A

   Home: _____ B

   Office: _____ C

   Mobile: _____ D

   Notes: _____ E

Name _____ F

   Home: _____ G

   Office: _____ H

   Mobile: _____ I

   Notes: _____ J

                                                K

Name _____ L

   Home: _____ M

   Office: _____ N

   Mobile: _____ O

   Notes: _____ P

Name _____ Q

   Home: _____ R

   Office: _____ S

   Mobile: _____ T

   Notes: _____ U

Name _____ V

   Home: _____ W

   Office: _____ X

   Mobile: _____ Y

   Notes: _____ Z

A	Name _____
B	Home: _____
C	Office: _____
D	Mobile: _____
E	Notes: _____
F	Name _____
G	Home: _____
H	Office: _____
I	Mobile: _____
J	Notes: _____
K	Name _____
L	Home: _____
M	Office: _____
N	Mobile: _____
O	Notes: _____
P	Name _____
Q	Name _____
R	Home: _____
S	Office: _____
T	Mobile: _____
U	Notes: _____
V	Name _____
W	Home: _____
X	Office: _____
Y	Mobile: _____
Z	Notes: _____

Name _____ A

Home: _____ B

Office: _____ C

Mobile: _____ D

Notes: _____ E

Name _____ F

Home: _____ G

Office: _____ H

Mobile: _____ I

Notes: _____ J

Name _____ K
                                       L
Home: _____ M

Office: _____ N

Mobile: _____ O

Notes: _____ P

Name _____ Q

Home: _____ R

Office: _____ S

Mobile: _____ T

Notes: _____ U

Name _____ V

Home: _____ W

Office: _____ X

Mobile: _____ Y

Notes: _____ **Z**

Notes